Desmitificando los secretos de la manifestación

Técnicas avanzadas sobre Ley de la Atracción para manifestar tu realidad soñada al cambiar tu autoimagen para siempre

(Ley de la atracción - libros cortos nº6)

Por Elena G. Rivers

Elena G.Rivers © Copyright 2021 - Todos los derechos reservados.

ISBN: 978-1-80095-094-8

El contenido presente en este libro no puede reproducirse, duplicarse o transmitirse sin el permiso directo por escrito del autor o del editor.

Bajo ninguna circunstancia se tendrá la culpa o responsabilidad legal contra el editor o el autor, por daños, reparaciones o pérdidas monetarias debido a la información contenida en este libro, ya sea directa o indirectamente.

Aviso Legal:

Este libro está protegido por derechos de autor. Es solo para uso personal. No se puede modificar, distribuir, vender, usar, citar o parafrasear ninguna parte o el contenido de este libro sin el consentimiento del autor o editor.

Aviso de Exención de Responsabilidad:

Tenga en cuenta que la información contenida en este documento es solo para fines educativos y de entretenimiento. Todo el esfuerzo se ha ejecutado para presentar información precisa, actualizada, confiable y completa. No se declaran ni implican garantías de ningún tipo. Los lectores reconocen que el autor no participa en la prestación de asesoramiento legal, financiero, médico o profesional. El contenido de este libro se ha derivado de varias fuentes. Consulte a un profesional con licencia antes de intentar cualquier técnica descrita en este libro.

Al leer este documento, el lector acepta que en ningún caso el autor es responsable de las pérdidas, directas o indirectas, que se incurran como resultado del uso de la información contenida en este documento, incluidos, entre otros, errores, omisiones o inexactitudes.

Contenido

De la autora – Tu libro personalizado de recetas sobre la LDA (ley de la Atracción) 6

El primer y más poderoso principio de manifestación que me llevó años aprender (¡además de 3 palabras mágicas que pueden cambiar tu realidad de forma instantánea!) 13

La ley de la autoimagen que es indiscutible 22

Secreto#1 La primera pregunta que no puedes ignorar 28

Secreto#2 ¿Tratando de reprogramar tu mente subconsciente? Descubre por qué puede que NO no funcione a menos que la desprogrames primero ... 36

Secreto #3 Los enlaces perdidos entre el deseo y la decisión alineada (y el acceso directo a la manifestación) 57

Secreto #4 !Manifiesta más rápido al reducir la velocidad! (La primera cosa para aprender de los manifestadores conscientes) 67

Secreto#5 ¿Tu entorno bloquea tus manifestaciones? (¡Dale un toque feng shui para mostrarle al Universo que estás listo para recibir!)74

Conclusión – Confía en ti 83

Más Libros de Elena G.Rivers en Español 86

De la autora – Tu libro personalizado de recetas sobre la LDA (ley de la Atracción)

"Elena, no creo que debas escribir este libro, es demasiado genérico, no lo has enfocado de manera apropiada, ¿qué hay de proyectar tu público objetivo? Me refiero a si, ¿estás escribiendo para hombres o mujeres?, o si ¿tus lectores ya son exitosos con la manifestación o son nuevos en esto?, en una escala del 1 al 10 ¿cómo evaluarías su nivel de éxito al utilizar los principios de la Ley de Atracción? A juzgar por tu descripción general, honestamente no creo que debas perder tu tiempo escribiendo este libro, ¿qué pasa si la gente se confunde?" Estas fueron las palabras que recibí por parte de un amigo que trabaja en marketing digital, es sociólogo y exitoso; él solo quería ayudarme y compartir su retroalimentación honesta, ya que todas las decisiones que toma están basadas en datos y únicamente datos.

Realmente no creo que él sea un detractor, de hecho, es una persona muy positiva. Sin embargo, cuando se trata de marketing es muy obstinado y, sí, es exitoso con lo que hace; su receta para el éxito le sirve mucho. Aunque también hay intuición, creatividad y ese sentimiento dentro de ti diciéndote que hagas algo. Así es como se me ocurrió la idea de escribir este libro, aún cuando muchas personas sugerían lo contrario; decidí escribirlo a pesar de lo que mi amigo dijo sobre la falta de información que tenía para desarrollarlo correctamente. ¿Qué significa "correcto" a todo esto? y ¿por qué estoy comenzando a escribir este libro de una forma tan extraña? Es simple, todos somos distintos y todos resonamos con cosas distintas; no podemos pensar y actuar de la misma forma, imagínate si fuera así, ¡el mundo sería muy aburrido!

La felicidad y la abundancia a largo plazo se crean gracias al equilibrio, todo se trata sobre balancear la lógica y los datos con la intuición y la creatividad; al mismo tiempo, dos personas pueden percibir la misma cosa de distintas formas. Por ejemplo, mi amigo piensa que mi lector no está definido claramente en términos demográficos: "me refiero a si ¿estás escribiendo para hombres o mujeres? y ¿cuántos años tienen?" y por otra parte mi corazón me dice: *"puedes seguir adelante y escribir este libro Elena, ya sabes cual es tu lector: escribes para almas ambiciosas, eso es todo; también sabes que no escribes para gente que espera soluciones instantáneas o premios de lotería sin intentar aportar algún valor al* mundo".

Así que aquí estoy escribiendo un libro con una estructura ligeramente diferente en comparación a mis otros libros de la serie de *Ley de la atracción - libros cortos*. Si bien la mayoría de mis otros libros están escritos como sistemas y programas con pasos específicos a seguir, este libro es más como un libro de recetas sin ningún orden en particular. Es un libro creativo de recetas para la mente con el objetivo de ayudarte a alinear con el principio de manifestación correcto para tu viaje actual; toma lo que te gusta y rechaza el resto.

Imagina que tienes un libro de recetas nuevo con un montón de ellas, incluso si tal libro está relacionado con una dieta en particular que te gusta, no hay forma de que te gusten todas las recetas que contiene - es probable que escojas unas cuantas que creas que tendrán buen sabor y que luego seguirás cocinando para que puedas irlas mejorando cada vez más. ¿Acaso intentarías obligarte a preparar una receta que sabes que no vas a disfrutar si la juzgas a partir de la lista de ingredientes o el método de preparación? Claro que no. Sin embargo, cuando se trata de la manifestación y la Ley de Atracción, es como si muchas personas estuvieran tratando desesperadamente de torturarse a sí mismos con técnicas y ejercicios con los que no se sienten identificados. Por ejemplo, algunas personas como yo aman el método "journaling" o "scripting", por lo tanto, no hay duda de que cualquier método de manifestación que tenga relación con la escritura va a funcionar para ellos, como escribir cosas por las que están agradecidos. Cuando amas lo que haces te sientes bien y aumentas tu vibración, es así de simple.

Aunque hay personas a quién no les gusta la idea de escribir y anotar a diario, quizás les iría mejor con un método de manifestación distinto o una ligera variación de este, tal vez pueden escribir algo una sola vez y pegarlo en su mural de deseos, o es probable que disfruten más al hacer afirmaciones que al escribir, o también puede que la visualización a diario sea lo que los motive. Así que asegúrate de elegir la receta que te gusta, no te fuerces a practicar métodos de la LDA que no te sean agradables ya que puede causarte estrés y resistencia, y estos llevan a la contradicción y la negatividad. Por lo tanto, si quieres manifestar cosas hermosas para tu vida tienes que enfocarte en la expansión y la positividad, pero la cosa más importante para enfocarse es en quién eres; tu mentalidad y tu energía lo son todo.

Volviendo a nuestro ejemplo de la receta: una persona puede elegir una receta fantástica, pero ya que no está enfocada de manera adecuada y se mantiene negativa, va a cometer unos cuantos errores mientras cocina, por lo tanto, echará a perder sus esfuerzos. Por eso es importante que te sientas positivo y expectante mientras te diviertes con el proceso de "cocinar tu realidad soñada"; utiliza esta regla para cualquier ejercicio mental o espiritual que elijas hacer. Además, cada receta (o método de preparación) necesita algo de tiempo; un plato más sofitiscado puede incluso tomar dos horas o más en estar listo, por lo tanto, un cocinero inteligente lo va pasar bien durante el proceso, ya sea escuchando música o hablando con alguien; no va a perder la paciencia, no se va a enojar con la receta ni se va a quejar diciendo: "¿Por qué está tardando tanto?".

Un cocinero inexperto puede incluso necesitar más tiempo porque echarán a perder las cosas con frecuencia y tratarán varias veces de preparar la misma receta, ¡lo que es algo absolutamente bueno! Todo se trata de aprender y practicar.

Sin embargo, mucha gente pierde la paciencia o se ponen cínicos cuando se trata de la manifestación y no estoy juzgando a nadie, ¡yo también solía ser una de esas almas impacientes! Y era mi falta de paciencia lo que bloqueaba mis manifestaciones positivas; de hecho, solamente manifestaba cosas que me frustraban e impacientaban más, ¡un círculo vicioso! Fue en este momento que decidí enfocarme en las "recetas" que eran agradables para mí mientras las perfeccionaba sin tratar de apurar el "método de preparación" o "cocinar varias recetas" de una vez sin pensarlo, ahí fue cuando mi viaje hacia la manifestación comenzó.

Esta es la intención para escribir este libro, quiero que elijas de 1 a 3 "recetas" con las que sientas que tu mente disfrutará y se va a comprometer mientras declaras de forma consciente que desde ahora adelante eres el dueño o dueña de tu propia realidad. Si eliges un método que disfrute tienes que apegarte a él, no hay motivo para cambiar las cosas a menos que realmente sientas que es necesario; sigue tu intuición.

Antes de sumergirnos en nuestros secretos intemporales sobre la manifestación y la Ley de Atracción, me gustaría compartir algunas de las mayores lecciones que he aprendido en mi viaje hacia la LDA. No importa si sabes o no sabes sobre la LDA, o si ya has leído montones de libros sobre ella, solo necesitas escoger una receta que realmente disfrutes para crear tus realidad soñada de manera exitosa.

Tampoco tienes que desanimarte por la palabra "Avanzado" que aparece en el título. Desde mi experiencia puedo decirte que *avanzado* es mucho más directo y efectivo que el *principiante*; ¿Por qué no tratas de pensar que ya eres un manifestador avanzado?, ¿Por qué llamarte a ti mismo un principiante?, ¡lo que quiero decir es que tú has manifestado este libro! ¡Por lo tanto eres un manifestador avanzado y serás premiado con técnicas avanzadas que son increíbles para que disfrutes!

¡Sí, lo sé! A nuestra mente le encanta burlarse de nosotros: *Ay vamos, no eres lo suficientemente bueno, ¡comienza con algo que sea más adecuado para principiantes!* Puede que esto sea verdad en algunos casos pero, cuando se trata de la manifestación y de la Ley de Atracción, muchas veces al ponerse metas altas y soñar en grande podemos manifestar nuestra realidad soñada utilizando los principios de simplicidad y la repetición consciente de lo que funcione para nosotros.

¡Así que empecemos sin más preámbulos!

El primer y más poderoso principio de manifestación que me llevó años aprender (¡además de 3 palabras mágicas que pueden cambiar tu realidad de forma instantánea!)

Crear tu propia realidad puede ser más fácil de lo que piensas con tan solo aprender su principio fundamental.

Yo solía creer que lo que pasó en el pasado me pasó a mi, pensaba que el pasado tenía el poder de crear mi futuro y me seguí aferrando a esta creencia incluso después de comenzar a leer sobre la Ley de Atracción. De algún modo pensaba que otras personas merecían más éxito y felicidad, pero yo no. Estaba atrapada en un empleo que me agotaba y luego repetía los mismos patrones negativos al buscar distintas oportunidades de negocios, pensaba que al cambiar el vehículo (por la forma en que estaba teniendo un ingreso) manifestaría más dinero y abundancia, y sí, a veces necesitas cambiarlo y este puede ser tu empleo o tu modelo de negocio. Sin embargo, el cambio debe venir desde tu deseo real y tu pasión por un nuevo vehículo y bueno, en mi caso, lo mío solo era miedo y desesperación; no podía salir del círculo de negatividad sin importar lo que hiciera, ¡me sentía muy deprimida porque otras personas sí podían tener éxito!

Ellos podían probar un nuevo método de manifestación y tener éxito con él, podían postular a un nuevo trabajo y conseguirlo, o manifestarlo de forma inesperada, podían comenzar un nuevo proyecto de negocios y tener éxito, podían inventir en coaching o capacitación empresarial, simplemente podían seguir los pasos que indicaba algún programa y crear algo increíble, ¡pero yo no podía! A pesar de que yo estaba *haciendo exactamente* lo que hicieron ellos. Estoy segura de que puedes empatizar con mi frustración, pensaba que había algo malo conmigo, pensaba que estaba haciendo toda esta cosa del desarrollo personal por nada.

Estaba aprendiendo sobre la LDA, estaba estableciendo más intenciones, estaba tratando de enfocarme en ellas y trataba de tener pensamientos positivos, pero la imagen que tenía de mí misma o mi autoimagen no cambió. Aún seguía pensando que era una persona promedio, una empleada promedio que trabaja duro por unas migajas, solo una persona promedio que intenta una oportunidad de negocio desde un lugar de carencia y desesperación, así que nada estaba cambiando para mí, y sí, de vez en cuando podía experimentar cierta sincronicidad o una pequeña manifestación, como una taza de café o un bono inesperado en el trabajo, pero en vez de estar agradecida y ver esas pequeñas victorias como señales de éxito, la antigua y limitada imagen que tenía de mi misma veía esto como señales de fracaso.

Mírate, Elena...todo el tiempo y dinero que has gastado en el desarrollo personal y ¿qué has obtenido?, ¿una taza de café y un bono de 50 dólares? Mientras que otras personas pueden manifestar relaciones geniales, lindas casas, viajes de lujo y trabajos bien pagados o negocios que aman. Por lo tanto, mi diálogo interno y la forma en que me veía a mi misma (autoimagen) determinaban mis comportamientos mientras creaba mi realidad.

Entonces, un día toqué fondo, tuve un ataque de ansiedad, simplemente lloraba y no podía parar, incluso tomé la decisión de deshacerme de todos mis libros y programas de desarrollo personal y "continué": *¿lo ves Elena?, ¡has hecho el ridículo! Esto no era para ti, funciona para otras personas porque son más inteligentes pero nunca funcionará para ti*. Luego me escuché repitiendo estas tres frases: *funcionará para ti, funcionará para ti, funcionará para ti* y paré de llorar inmediatamente, me lavé la cara y me miré al espejo, aún podía escuchar esas tres frases: *funcionará para ti, funcionará para ti, funcionará para ti*, y después me di cuenta que sí estaba funcionando para mí y que ya estaba utilizando la Ley de Atracción, el problema era que no la estaba usando a mi favor, ¿por qué? Debido a la imagen negativa que tenía de mí misma que era respaldada por el diálogo interno negativo; mis propias limitaciones y mis creencias negativas sobre lo que era posible para mí estaban bloqueando la mayoría, si no digo todas, de las manifestaciones de mi vida. De pronto sentí un gran alivio, aunque técnicamente mi vida seguía siendo un desastre, me estaba recuperando tras una relación abusiva y de un negocio fallido que me agotaba, sin embargo, ¡aún me sentía empoderada!, ¡fue como si de repente todas esas lecciones hermosas de desarrollo personal y de la Ley de Atracción que me daban empoderamiento tuvieran sentido! Y al mismo tiempo pensaba: "¡espera…eres muy buena para esto! Puedes usar la imagen que tienes de ti misma para crear tu realidad, el problema es que lo has estado usando de forma negativa, pero las buenas noticias son que ahora realmente puedes sentir y entender que esta cosa si funciona y puede funcionar para ti si cambias la forma en que te ves a ti misma o autoimagen y tomas la decisión de dejar de auto limitarte".

Funcionará para ti, funcionará para ti, funcionará para ti...

Puedes usar tu diálogo interno y tu autoimagen para implantar imágenes positivas en tu mente, puedes cambiar tu identidad y disfrutar tu nueva realidad, no esperes, ya está dentro de ti, deja que se manifieste al cambiar quien eres.

Fue un momento muy espiritual y comencé a llorar nuevamente ¡pero esta vez fue de alegría! Y desde ese momento en adelante me sentí como si fuera una persona nueva y mi vida se estaba transformando por completo, me sentía como una persona distinta a pesar de que técnicamente aún tenía deudas, no tenía amigos de verdad y mis ingresos eran escasos. Me sentía exitosa, podía verme en una realidad distinta, haciendo lo que me encanta para ganarme la vida, estando rodeada de personas que me aman y me aprecian, y teniendo el tiempo y los recursos para ayudar e inspirar a otras personas.

En resumen, esta es la forma en que comenzó mi verdadero viaje hacia la manifestación, decidí cambiar la percepción que tenía de mí misma, me vi en una realidad distinta y comencé a actuar en alineación con mis verdaderos deseos, dejé de actuar basado en las limitaciones sobre lo que pensaba que otras personas querían que hiciera; desde ese momento en adelante mi vida comenzó a cambiar, modifiqué mi identidad y atraje una nueva realidad y ¡se que puedes hacer lo mismo! Me siento muy privilegiada de estar compartiendo contigo lo que justamente me funcionó. Recuerda esas tres frases poderosas: *funcionará para ti, funcionará para ti, funcionará para ti,* y continúa repitiéndolas cuando te sientes atascado porque estas frases tienen la llave para tu autoimagen nueva y realidad soñada.

"Tu pasado no es igual a tu futuro" – Tony Robbins.

El señor Robbins lo dijo claramente; y a mí me gustaría añadir algunas humildes palabras: *puedes experimentar tu futuro soñado aquí mismo, ahora mismo, en el tiempo presente. La pregunta es: ¿cómo quieres que se vea?*

Ejercicio:

Ahora diseña la visión de tu vida soñada y haz una pequeña declaración de objetivos para cada área de tu vida.

Mi Salud

Ejemplo:

- *Elijo comida saludable que me de energía para no parar y salud óptima.*
- *Me encantan los alimentos que nutren mi cuerpo.*
- *Tengo la suerte de poder disfrutar de largos baños y hermosas caminatas en la naturaleza.*

Mi Pasión/ Propósito / Realización

Ejemplo:

- *Me siento feliz de haber encontrado mi vocación en la vida.*
- *Me siento más feliz aún de poder ganarme la vida haciendo lo que me apasiona.*
- *¡Mi propósito enciende mi alma!*

Mis relaciones

Ejemplo:

- *Me llevo increíblemente bien con mi familia, amigos y el hombre o la mujer de mis sueños.*
- *Todos somos personas felices; nos amamos y nos apoyamos entre todos.*

- *Atraigo a mi vida gente con energía alta.*

Dinero/Finanzas

Ejemplo:

- *Tengo la disposición para recibir.*
- *De manera consciente puedo crear oportunidades y fuentes de ingreso nuevas.*
- *El dinero es energía y yo soy energía, por lo tanto, atraigo dinero a mi vida.*

Espiritualidad

Ejemplo:

- *Experimento momentos espirituales en mi vida que son inolvidables.*
- *Me siento amado y cuidado por el Universo/Dios/Poder Supremo.*

Ese fue el primer paso, pero debes volver a hacerlo para recordarte lo que está por venir y lo asombrosa que tu vida puede ser.

La ley de la autoimagen que es indiscutible

En el libro "Psico-cibernética" del médico Maxwell Maltz se analiza la psicología de la autoimagen; como cirujano plástico observó que una vez realizada la cirugía a la mayoría de sus pacientes les tomaba en promedio dos semanas para cambiar su autoimagen; sin embargo, el Sr. Maltz también observó que, a menos que su autoimagen interna haya cambiado, algunos seguían sintiéndose y actuando como antes de la cirugía. Se dio cuenta de que hay algo llamado mecanismo cibernético, lo que significa que todos tenemos un punto de referencia en cuanto a la forma en que nos vemos a nosotros mismos.

Imagina que te ves a ti mismo como alguien que solamente puede hacer cierta cantidad de dinero al año, en ese caso, tu capacidad interna se alineará con tu autoimagen lo que bloqueará la abundancia real. Entonces, ¿cómo te ves a ti mismo? Si le das un vistazo al ejercicio anterior pregúntate: ¿te sigues limitando?, ¿podrías reescribir tu visión? Mi autoimagen del pasado diría: *sí, me gustaría convertirme en una escritora aunque es difícil escribir y de todos modos ¿quién querría leer mi libro? No soy una gurú famosa.*

Por eso nunca me podía concentrar para escribir y me sentía atascada, no importaba lo que aprendiera sobre escribir o publicar ya que sentía que no era digna de mis deseos y mi realidad seguía reflejando eso; no podía ser consistente con mis publicaciones. También hay otro fenómeno que entender, algunas personas dicen que realmente desean algo y lo mucho que lo quieren creando la energía de desesperación, en otras palabras, están poniendo todos sus deseos en un pedestal, y no fue hasta que leí el libro *Reality Transurfing* de Vadim Zeland que descubrí los peligros ocultos de mayor importancia y cómo podía repeler nuestras manifestaciones positivas.

Digamos que te estás preparando para una cita y te obsesiones con pensamientos como: *Ay, ¿qué pasaría si me rechaza?, ¿qué pasaría si no le gusto a esta persona? ¡Quiero que me digan que soy lo mejor o me sentiré mal!* Luego vas a tu cita y tu energía, la forma en que hablas y actúas comienzan a reflejar tu autoimagen; puede que te esfuerces para manifestar algo positivo pero le das tanta importancia que como resultado lo terminas rechazando. El Universo puede sentir tu energía desesperada, o tal vez estás muy confiado y comienzas a alardear. Bueno, debido a eso puede que pronto te encuentres con situaciones poco favorables que se manifiestan para balancear tu energía de egocentrismo elevado. Sin embargo, si creas una autoimagen positiva de una persona que le gusta conocer personas nuevas, es amistoso, le encanta la vida social y es un buen oyente, tu cita será mucho más exitosa; cuando comienzas a enfocarte en otras personas y lo que puedes hacer por ellos, tu energía es auténtica, natural y magnética.

¿Cuántas veces has querido algo con tantas ganas que terminas ahuyentándolo? La autoimagen negativa (tal como demasiado deseo, egocentrismo o falta de confianza) genera una resistencia, lo único que hace es activar la ley de rechazo, ¡es como si trataras de perseguir a un gato y se sigue arrancando! En mi caso, seguía alejando distintas oportunidades de negocios porque quería dinero, pero al mismo tiempo, no sentía confianza del dinero. Quería dinero y éxito para probar quién soy a los demás así que inconscientemente continuaba creando energía muy negativa.

Mientras más valioso te sientas por dentro, más magnético te vuelves y la manifestación se convierte en algo casi automático.

¿Por qué persigues dinero?, ¿es para tener una sensación de seguridad o de libertad? Bueno, puedes sentir estas emociones aquí mismo y ahora. Enfócate en tus relaciones internas con el dinero, el amor, la abundancia y la salud, lo que tu quieras ¡Se esa persona primero! En vez de andar persiguiendo cosas, enfócate en tu relación con lo que sea que quieras y eso que quieres ya está dentro de ti.

Finalmente, entender que la autoimagen que tienes actualmente es como un vehículo que sirve para tu misión actual y si incluso está funcionando para ti en este momento, en algún punto tendrás que dejarla ir y crear una nueva. Por ejemplo, digamos que ahora intentas manifestar un negocio basado en la libertad porque quieres viajar por el mundo, así que creas una autoimagen de alguien que puede tener un estilo de vida donde puedes trabajar desde tu portátil y tu objetivo número uno es tener más viajes; te unes a distintas comunidades digitales y entrenas tu mente para buscar trabajo u oportunidades de negocios que se alinean con tus objetivos de viaje. Pero quizás después de cuatro años de un estilo de vida nómada digital que no se detiene decides sentar cabeza, aún disfrutas tus viajes pero tienes ganas de calmarte un poco, ahora quieres comprarte una casa y tener una familia, ya no quieres ser un nómada digital sino que tienes ganas de comenzar un negocio local y crear oportunidades laborales para tu comunidad local.

Todo se trata de entender quién eres realmente aquí y ahora; todo está en constante flujo, nuestra energía y prioridades siempre pueden cambiar. El error que mucha gente comete es que se quedan pegados en su autoimagen y deseos del pasado, los que ya no son auténticos; todo se trata de entender cuándo dejar ir al pasado y acoger lo nuevo.

Si tienes un gran sueño que intentas manifestar y sientes como si algo te estuviera bloqueando es muy probable que sea tu autoimagen del pasado. Por ejemplo, cuando estaba comenzando mi viaje hacia la escritura, me quedé atascada en mi autoimagen de alguien que no podía terminar lo que empezaba y se agotaba rápidamente, pero sabía que tenía una misión y quería lograrla, sabía que quería escribir para aumentar la vibración del planeta y así, en alineación con mi misión, tuve que dejar ir mi autoimagen del pasado y tuve que crear una autoimagen de una escritora organizada y prolífica que siempre termina lo que empezaba. En otras palabras, para lograr mi misión, tuve que acoger al liderazgo y a la responsabilidad que estaban en mi interior.

¿Cuál es tu autoimagen del pasado?, ¿aún te sirve? Si la respuesta es no, ¡crea una nueva autoimagen que se alinee con tu misión actual! ¡Las siguientes páginas te inspirarán para darle rienda suelta a tus poderes ocultos de manifestación en alineación con tus deseos reales y auténticos!

Cada secreto te ayudará a aprender un principio o método práctico sobre la Ley de Atracción o la manifestación y algunos de ellos van a desafiar tu forma de pensar, sentir o actuar; ¡debes apegarte a los secretos que más te hagan sentido y comenzar a aplicarlo de forma consciente para ver cómo tu vida se transforma en lo que siempre quisiste!

Secreto#1 La primera pregunta que no puedes ignorar

Necesitas hacer un chequeo rápido de energía antes de que comiences y afortunadamente no es necesario hacer rituales complicados, simplemente tienes que preguntarte ¿desde qué lugar estás tratando manifestar? Si es desde un lugar donde buscas aprobación y validación de los demás, ¡tienes mucho trabajo que hacer! No, no quiero asustarte o que te sientas mal contigo mismo, al contrario, deberías estar feliz de poder descubrirlo ahora antes de que sea muy tarde.

Entonces, ¿qué estoy tratando de decir? Bueno, ¿estás atrapado en una rueda para hamsters?, ¿solamente persiguiendo, persiguiendo y persiguiendo?, y ¿ te sientes digno de manifestar tus deseos, incluso antes de que aparezcan en tu realidad? Por ejemplo, si tus motivaciones más importantes están enfocadas en conseguir validación y aprobación, te sentirás atascado sin importar lo que hayas manifestado. Tal vez hayas escuchado muchas historias sobre personas famosas y celebridades que lo tuvieron todo; dinero, fama y relaciones con otras personas muy conocidas pero aún así se sentían infelices o atascados y a menudo recurrían a las drogas para aliviar su dolor interno.

Otro problema que surge al buscar aprobación es que, en primer lugar, te puedes sentir tentado a comenzar a manifestar metas que ni siquiera son tuyas ¡he estado tantas veces en esa situación! Ya conoces mi historia si has leído más de esta serie de libros, pero si aún no lo has hecho, el resumen rápido sobre la historia de Elena es que ella pasó muchos años persiguiendo y tratando de manifestar metas que ni siquiera eran suyas, le tomó años de desarrollo personal y trabajo espiritual para sumergirse en lo profundo y comprender qué estaba sucediendo realmente; uno de sus grandes catalizadores durante su viaje fue descubrir el trabajo de Vadim Zeland y leer su libro *Reality Transurfing*. Después de aplicar sus técnicas, Elena comprendió completamente que el secreto número uno para manifestar es estar seguro de que la meta que quieres lograr es tuya realmente. Bueno, ¡basta de escribir sobre mí misma en tercera persona!

Volvamos al tema principal: tu energía auténtica de manifestación. Este concepto es tan importante de comprender porque puede ahorrarte años de perseguir algo sin sentido mientras estás atrapado en una rueda para hamsters. Otra cosa a considerar es que todas las entidades que te rodean (cuando digo "entidades" me refiero a ambos, las personas y el Universo, o cualquier ser espiritual en el que elijas creer) pueden sentir tu energía personal; si todas tus acciones y todos tus pensamientos están controlados por la necesidad de conseguir validación de los demás, la energía que creas tiene falta de autenticidad, confianza y convicción. No hay duda de que es difícil manifestar lo que quieres y aquellos que están a tu alrededor pueden sentir tus motivaciones internas y el mensaje que reciben es: *"Está bien, él o ella quiere conseguir mi aprobación pero no se aprueban a ellos mismo y les falta confianza"*.

Incluso si no estás involucrado en esto de las energías, el concepto de "atrapado en una rueda para hámster" también se puede explicar sin sumergirse en los conceptos de energía o espiritualidad. Digamos que una persona quiere manifestar un mejor empleo con un mejor salario solamente porque quiere que otros los elogien, así que consigue entrevistas de trabajo pero están tan ensimismados que ni siquiera son capaces de comunicar con claridad su valor; por lo que nunca les va bien en estas. Incluso si de alguna forma consiguen su trabajo soñado, aún siguen con la mentalidad de "no soy lo suficientemente bueno" y encuentran una forma para sabotear su éxito o se siente atascados nuevamente y sí, van a conseguir algo de aprecio y se sentirán bien al respecto pero en el momento en que el logro se detenga, se sentirán mal con ellos mismo: *Dios mío, ya nadie me elogia, probablemente no soy lo suficientemente bueno o estoy haciendo algo mal.*

A diferencia de una persona que acepta su real y auténtico amor propio y busca un mejor trabajo porque lo apasiona perseguir una nueva carrera o trabajar para una compañía en específico, puede pensar y actuar desde un lugar donde está enfocado en su objetivo; ellos ya se sienten bien y validados dentro de sí mismos, así que pueden utilizar toda su energía mental para buscar la compañía para la que quieren trabajar y mostrar su valor a potenciales empleadores de una forma que sea fácil de comprender; no se estresan por el resultado final porque saben que si incluso no consiguen su trabajo soñado ahora, ellos ya están validados y cada intento de buscar una mejora profesional los acerca más a manifestar sus sueños en el momento adecuado.

Sin embargo, una persona que quiere manifestarse porque buscan aprobación y validación puede que se tome muy personal cualquier rechazo: *"Ay no, ¡ya no me aman! No soy lo suficientemente bueno, quizás debería esforzarme más".*

Mientras que la pregunta correcta debería ser: ¿Al menos estás tratando de manifestar tus propias metas?, ¿quieres lograrlas porque están en alineación con quien realmente eres? o ¿es porque quieres que alguien más te dé su aprobación?

Tú puedes estar a cargo de la forma en que te responde la gente a tu alrededor y el Universo, y comienza con la honestidad con uno mismo; tú puedes elegir personificar la energía de la confianza y la convicción natural ahora. Me gusta usar el término "confianza natural" o "confianza auténtica" porque tratar de tener más confianza puede ser engañoso también; a menudo perseguimos la confianza pensando que es algo que podemos demostrar al tratar de hablar como autoridad o hacer que los otros nos sigan.

Yo solía trabajar para unos cuantos influencers bastante famosos y déjame decírtelo, muchos de ellos me confesaban que estaban cansados de actuar en las redes sociales, que eso era como ponerse una máscara para transmitir una imagen en particular de confianza artificial para que sus seguidores de las redes sociales se pudieran sentir inspirados, pero después, ¿qué sucede detrás de las cámaras?, ¿son en la vida real como lo son en YouTube o Instagram?

Una influencer me contó que para ella era muy doloroso tener que crear un video de media hora porque tenía que continuar usando una máscara, lo que a la larga terminaba siento agotador y yo le aconsejé que era mejor ser auténtica. La mejor estrategia a largo plazo es conectar en profundidad con las personas que elegiste liderar e influenciar y ¿cómo puedes conectar con alguien si ni siquiera puedes conectar contigo mismo asumiendo quién eres? A las personas les gustan las personas honestas y reales, así que la confianza natural y auténtica es la única forma de manifestar éxito y relaciones personales y profesionales duraderas. Así que deshazte del concepto de: "necesito verme confiado y así que debería imitar a personas que son famosas por tener confianza en ellos mismo". ¡No sigas diciendo lo que *deberías*! ¡Acepta tu singularidad y haz que brille como nunca antes! Lo que realmente funciona es ser tú mismo, sé amable con tu ser y haz las paces contigo mismo, acepta quién eres y encarna tu verdad; esta es la confianza natural y auténtica, es la única forma de deshacerse de la energía de la desesperación. Así que deja de perseguir la validación, aprobación y el éxito; claro, la sensación de importancia te puede hacer sentir mejor pero será a corto plazo.

Te dices a ti mismo que mientras más hagas algo, (ya sea conseguir más seguidores, más lectores, más insignias de los libros más vendidos, más clientes high-ticket, o un mayor reconocimiento por parte de tu jefe o familia) más te vas a amar a ti mismo. Sin embargo, lo que puede pasar es que cuando llegues a tu meta no te sentirás feliz, sino que querrás más seguidores, insignias de lo más vendido, o reconocimiento. A las fantasías de la mente les encantan los sentimientos falsos y efímeros. No obstante, desde mi experiencia, la mejor fantasía es la que creas a través de tu corazón aquí y ahora; puedes elegir amarte, sentirte valorado y apreciado aquí y ahora.

No hay nada malo con querer manifestar éxito, dinero o querer ascender en tu carrera profesional; pero antes de comenzar, tienes que liberarte de la necesidad de controlar a todos y todo a tu alrededor. Al mismo tiempo, si tus deseos actuales están basados en manifestar amor y relaciones increíbles porque no estás sintiendo el amor desde tu interior y quieres que otros te amen primero, tienes que tener cuidado con no activar la Ley de Rechazo.

Te vas a prometer aquí y ahora, sin importar cual sea tu meta de manifestación, que ya la estás encarnando y te sientes totalmente en paz con ella, autovalídate y autoapruébate; solamente necesitas una decisión simple y cambio de mentalidad. Siente la abundancia con sentimientos de amor, positividad y armonía, y te convertirás en un imán para la gente, las situaciones y las energías que quieren ayudarte en tu camino.

Ejercicio:

Echa un vistazo a tus metas y logros anteriores, ¿cuál fue tu "por qué"?, ¿deseabas que te dieran importancia, aprobación y validación?, ¿fue difícil manifestar tus deseos?, ¿cómo respondieron los otros a tu energía?

¿Qué hay de tus metas y manifestaciones actuales?, ¿ya puedes sentirte pleno y completo?, ¿puedes encarnar la energía del amor, armonía, paz y positividad aquí y ahora?

Es importante que no te juzgues a ti mismo cuando hagas este ejercicio, ¡todo se trata de aprender! De vez en cuando todos nos pillamos "cometiendo errores", pero de esta forma aprendemos. Siéntete agradecido cuando te des cuenta de que puedes cambiar algo de tu manera de pensar y actuar porque tú eres tu mejor profesor; ahora sabes lo que no tienes que hacer ¡lo que es un paso importante para seguir adelante!

Secreto#2 ¿Tratando de reprogramar tu mente subconsciente? Descubre por qué puede que NO no funcione a menos que la desprogrames primero

¿Sabes cómo hacer que tu mente subconsciente te escuche?, ¿realmente puedes grabar tus deseos auténticos y utilizar el poder de tu mente subconsciente para que te guíe? O, ¿tiendes a recaer en tus viejos hábitos?

Todos queremos algo, pero en la mayoría de los casos, fuimos programados y condicionados para conseguir algo distinto. A la vez, querer algo no es de mucha ayuda porque le envías un mensaje al Universo diciendo que no lo tienes. El desafío es cómo llegar al lugar indicado del ser y dejar de pelear con nosotros mismos; la mayor batalla es la que experimentamos dentro de nosotros mientras continuamos queriendo y al mismo tiempo experimentando una resistencia interna amplificada al rechazo por parte del mundo.

Esta sección puede que sea un poco compleja de entender, especialmente si los conceptos de subconsciente o mente subconsciente son nuevos para ti, así que puedes leerlo un par de veces más si lo necesitas; como dijo Bob Proctor: "todo se basa en la repetición" y él es muy conocido por leer todos los días el mismo libro titulado *Piensa y hazte rico*.

Bueno, ¡hagamos que tu mente subconsciente funcione para ti! No tiene que ser difícil, solamente necesitas entender los conceptos básicos. Cuando se te presente una idea, es solo una idea porque no hay prueba, ya sea buena o mala, poderosa o peligrosa. Pero cuando comienzas a crear cualquier prueba sobre esa idea, basada en tus experiencias, observaciones, dolores del pasado o éxitos, se vuelve un alivio, lo que puede ser negativo o positivo; en otras palabras, tu creencia se puede limitar o empoderar.

Por ejemplo, vas a empezar tu propio canal de YouTube y no está creciendo tanto como esperabas, buscas los canales de otras personas y te dices a ti mismo: ay, ellos tienen más seguidores, son más exitosos, yo nunca seré como ellos. Claramente, por alguna razón, no te enfocas en el hecho de que otros canales han estado dentro del juego durante muchísimos años y ¡todos comenzaron igual que tú e incluso con menos éxito! Después, un provocador escribe un comentario negativo en tu video y en ese momento formas la creencia de que tu canal es una porquería, estás seguro de que es debido a tu etnia o por no tener un título universitario o por algo más, como tu cabello, tus dientes o tu acento. Luego, tu pensamiento es respaldado por un sentimiento negativo y ahora tienes mucho éxito cuando se trata de *no* manifestar tus deseos. Debo añadir que como humanos, somos verdaderos expertos en formar creencias negativas y creamos con éxito lo que no queremos a medida que nos alejamos de nuestras metas, pero es aquí donde se puede desarrollar el verdadero empoderamiento (¡si te lo permites!), ¡este es el verdadero secreto tras el secreto!

No estás averiado, no hay nada malo contigo; eres un manifestador exitoso sin importar los resultados que obtengas de tus esfuerzos, ya eres muy talentoso creando creencias firmes al mezclar tus pensamientos con ciertos sentimientos; tu cuerpo y tu mente saben cómo manifestarse. Para mi este fue el momento más importante de entendimiento que tuve en mi viaje de auto superación, me pregunté: ¿qué pasaría si pudiera usar de forma natural mis poderes?, ¿qué pasaría si utilizo mis sentidos, energías, pensamientos y sentimientos de tal forma que sea positivo y se alinee con mis metas?

Te lo repetiré una vez más, debes darte algo de crédito por cualquiera de los "malos resultados" que has manifestado en tu vida hasta ahora porque ya eres muy talentoso al usar tu mente para crear tu realidad y ¡puedes manifestar! Así que ahora emociónate ya que puedes usar exactamente el mismo sistema que has estado utilizando toda tu vida pero de una forma conscientemente positiva y empoderadora. Ah, pero también habrán algunos efectos secundarios ¡así que por favor ten cuidado! Uno de ellos es que te sentirás más energético, sí, tendrás más energía para hacer lo que te encanta, será energía natural y ya no tendrás que depender del café para seguir adelante. No, no me estoy volviendo loca, lo que estás leyendo aquí y ahora es uno de los mayores secretos de la manifestación, el diseño del estilo de vida, la creación de la realidad o como quieras llamarlo.

Bien, entonces te diste cuenta de que no estás averiado y que no hay nada malo contigo, sabes que has estado usando de forma negativa tu sistema de manifestación interna y hasta quizás te hayas obsesionado con tu historia pasada, sientes que hay algo malo contigo y ¡las energías oscuras hicieron un pacto para controlarte!

Pero ahora estás haciendo un esfuerzo consciente para usar tu sistema interno de manifestación de tal forma que se alinee con tus deseos, te das cuenta de que estabas obsesionado con la preocupación, el estrés y la crítica; tú eres el que decide dejar la negatividad y comenzar a experimentar más energía de forma gradual, ¿pero qué sucede después? Tu mente subconsciente estuvo programada para lo negativo durante muchos años, ¿qué vas hacer ahora con todo ese tiempo y energía que tienes para hacer las cosas que amas y que alguna vez perdiste por estar pensando en el estrés, la preocupación, la ira o recordando alguna escena triste de tu pasado? Es en este momento cuando muchas personas se auto sabotean y vuelven a sus viejos hábitos y patrones.

Bueno, llamemos a este viejo amigo para chismear, revisemos las redes sociales y preocupémonos de no ser lo suficientemente buenos. Sí, lo tengo muy claro, se suponía que tenía que comenzar mi propia cuenta inspiradora en Instagram y tengo ganas de hacerlo con todo este tiempo libre y energía pero… ¡sigo obsesionado con mis patrones negativos del pasado!

Lo vuelvo a repetir, esto es tener gran talento y habilidad, así que si alguna vez has experimentado cualquier forma de autosabotaje en el pasado, te lo digo nuevamente, date algo de crédito, eres bueno para esto. Como una rehabilitada de la adicción al autosabotaje (probablemente yo era la reina de los adictos al autosabotaje y ¡probablemente una de las más talentosas!). ¡Sin duda alguna te aplaudo!

Nuevamente, no es mi intención hacerte sentir mal o asustado; quiero que te sientas relajado y alegre sabiendo que tu sistema interno de manifestación sí funciona y ¡lo hace muy bien! Ahora también conoces los efectos secundarios de cambiar tus patrones y hábitos internos, y puede que disfrutes de más tiempo y energía pero puede que tu mente subconsciente comience a revelarse diciendo: "Oye, ¿qué vamos a hacer con todo este tiempo extra y esta gran energía?".

Te lo repito, como una de las expertas más calificadas en manifestación de este planeta, necesitas tomar una decisión aunque pueda sentirse incómodo cambiar tu mente subconsciente cuando eliges distintos pensamientos, sentimientos y acciones. Es como intentar llevar una dieta saludable, cuando recién comienzas te sientes tentado a volver a tus patrones del pasado, tu mente subconsciente está esperando para demostrarte la superioridad de tus patrones y programas negativos del pasado, pero siempre tienes la opción de elegir y comenzar un diálogo amable y pacífico con tu mente subconsciente, puedes usar este ejemplo:

Solía creer que mi creencia limitante del pasado era cierta y le doy las gracias a mi mente más profunda (o mi mente subconsciente) por aferrarse a esta creencia; gracias, gracias, gracias, fue divertido en ese momento. Pero AHORA elijo una nueva creencia porque soy una persona nueva.

Usa este ejemplo como un ejercicio para entablar un diálogo con tu mente subconsciente, pero ten cuidado por favor, puede que te sientas tentado a usar tu bien merecido título por ser el mayor experto del autosabotaje y de los pensamientos negativos del mundo.

¿Qué eliges entonces?: ¿Puedes comenzar a asociar los pensamientos, sentimientos y acciones positivas con la diversión?, ¿aceptarás el desafío de convertirte en el mayor experto en el campo del pensamiento y comportamiento positivos? O quizás te sigas aferrando a tu autoimagen negativa del pasado y te harás adicto a ella; lo que quiero decir es que trabajaste muy duro, te esforzaste mucho en crear patrones y hábitos negativos que se han prolongado, diseñaste una dieta muy inteligente para tu mente que contempla estrés, preocupación, enojo y tristeza, durante muchos años tuviste mucho éxito con esta dieta, ¡te apegaste a ella sin hacer trampa ningún día!, ¡bien hecho! Y ¿ahora qué? ¿algo nuevo? ¿cambiar tu mentalidad? ¿perder tu bien merecido logro de convertirte en un experto en el campo de la preocupación y de crear películas negativas en tu mente? Si te ríes mientras estás leyendo, sigue haciéndolo porque aumenta tu vibración y energiza tu estado de ser; no sé tú, pero yo prefiero reírme a culparme a mí misma o a tener un sentimiento de culpa, ya he experimentado eso también. Ahora voy a alardear sobre mis "credenciales" otra vez; yo solía ser la reina de culparme a mí misma, de hecho, era una de las mayores expertas en el campo del sentimiento de culpa en el mundo y me tomaba muy en serio mi título, siempre buscando nuevas formas de torturarme con lo que "hice mal y debí haber hecho".

No hay problema si no te estás riendo, entiendo que no todos entienden mi sentido del humor pero ¡nos pondremos serio en un minuto!

Todo el tiempo veo patrones entre las personas que estudian el desarrollo personal; aprenden un nuevo concepto o técnica y descubren algo sobre ellos mismos, y muy a menudo sus mentes comienzan a jugarle malas pasadas, como por ejemplo: "Ay Dios mío, ¡mírate! ¿qué has hecho? Eres un tonto, ¡estabas haciéndolo mal hasta ahora! ¿Por qué no lo aprendiste antes? Imagina como sería de diferente tu vida si solo hubieses estudiado este libro en el pasado ¡desperdiciaste tantos años! ¡Y mírate ahora!".

¡Los secretos de las máximas autoridades del sentimiento de culpa puede ser el próximo libro en la serie!

Pero de verdad, deja de ser tan serio y deja de decirte lo que "deberías"; cada vez que tengo un pensamiento negativo o me pillo volviendo a repetir alguna película cínica del pasado o incluso una película imaginaria de lo que puede salir mal, simplemente me digo: "vamos Elena, este era tu antiguo empleo, en ese trabajo eras una experta en preocupación, dudas y miedo, pero ahora tienes un trabajo distinto ¿lo recuerdas? Bueno, es un trabajo parecido pero en un departamento distinto, así que puedes seguir viendo películas pero que sean agradables y sé amable contigo mismo, ¿te acuerdas? ¡Puedes ser el mayor experto del pensamiento positivo en el mundo!

¡Este es el momento donde se termina tu trance negativo autoimpuesto y te permites despertar! Ahora puedes tomar decisiones conscientes utilizando tus talentos internos y creando pensamientos y emociones que te empoderen y motiven en vez de utilizarlo para sacarte del camino y hacerte sentir que no vales. Cuando tienes un pensamiento y hay emociones fuertes, lo conviertes en una creencia firme (positiva y negativa). Luego, comienzas a buscar pruebas que confirmen tu creencia nueva y se alineen con tus inseguridades.

Ejemplo:

- *Ay, no puedo ser exitosa porque soy mujer.*
- *No tengo dinero para invertir en marketing.*
- *No puedo ser un orador motivacional debido a mi acento.*
- *No puedo hacer esto porque nadie lo está haciendo donde vivo.*

Luego, la mayoría de la gente siente dolor y resistencia e intentan afirmaciones tales como: "soy millonario, exitoso y estoy seguro de mi mismo", pero desde una carencia y desde la negatividad, su estado de ser es muy limitado, puede que se sientan enojados o frustrados y comiencen a recitar algunas afirmaciones mientras esperan lo mejor.

Aunque estas técnicas pueden funcionar, son simplemente técnicas. Te esfuerzas por cambiar lo que crees, en otras palabras, puedes tratar de reprogramarte al añadir algunas técnicas positivas mientras continúas en un estado negativo; mi opinión personal es que siempre es mejor en vez de no hacer nada en absoluto y solo quejarte. ¡Pero lo que más sirve es aceptar el principio de auto desprogramarte primero! Recuerda que cualquier técnica tal como la afirmación es solamente una extensión de los principios clásicos de la manifestación que tienen raíz en tu autoimagen. En mis libros siempre destaco el concepto de primero comprender e integrar completamente los principios de manifestación como el cambio permanente, tu mentalidad y energía; al vivir con los principios clásicos de la manifestación, como lo que se comparte en este libro, te dará mejores resultados que simplemente buscar el último "truco" de manifestación sin siquiera intentar intentar ir más profundo y trabajar en tu mentalidad y energía.

No sé tú, pero a mi me gustan los resultados, no me gusta intentar algo con poco entusiasmo mientras espero a que pase lo mejor, me gusta tener un sistema holístico que pueda usar varias veces para obtener mejor resultados y continuar manifestando los nuevos niveles de cualquier realidad que desee crear para mi mismo.

Antes de fusionarte con positividad genuina, necesitas enfrentar tus demonios internos y dejarlos ir, es como un peeling para la mente y el alma. Imagina que quieres un mueble nuevo y bueno, primero querrás deshacerte del viejo ¿cierto? A menos que quieras terminar viviendo hacinado, sin embargo, a muchas personas les gusta hacinar su mente con cualquier truco nuevo que puedan encontrar sobre la LDA y sin importar lo que hagan, son muy buenos con eso ¡los expertos extremadamente talentosos en el hacinamiento mental! ¡Denles algo de crédito! ¿Te sientes mal? Solo recita una afirmación aleatoria, vive hacinado y confundido: quizás esto funcionará, no lo sé, solo lo espero; iré donde me lleve el viento.

Puedes esforzarte más en cambiar lo que crees pero también puedes destruir una creencia para adentrarte en una nueva mientras usas tu mente para crear evidencia que funcionará para ti, ¿recuerdas a la persona que quería tener su propio canal en YouTube? Se esforzó para encontrar la evidencia que no podía encontrar, hizo la investigación que confirmó que otros creadores de contenido eran exitosos y tenían montones de suscriptores. Bueno, ¿qué tal si investigamos sus humildes inicios? O, ¿qué tal si creamos una lista que establezcan las razones por las que puedes ser exitoso? O, ¿enfocarte en tu audiencia y ofrecerles el mejor contenido que puedas crear? ¿Qué tal si usas tu talento extraordinario y tu conocimiento para ver películas en tu mente pero de una forma más empoderada mientras realmente sientes tu éxito y actúas como si lo fueras? (¡porque ya lo eres, recuerdo que no hay necesidad de probar algo!). Si ya has entrado en ese estado de ser empoderado, crearás y subirás videos a lo loco. Aunque este es solo un ejemplo, hagas lo que hagas, puedes crear pruebas y evidencias positivas para hacer que tu sistema interno de manifestación funcione para ti y no en tu contra.

¡Estoy utilizando esta metodología para seguir escribiendo libros nuevos! De hecho, he estado usando mi sistema interno durante años, sin embargo, al principio estaba dentro de mi identidad del pasado como una experta internacional de la preocupación y las creencias limitadas, así que escribía un libro y me sentía asustada. La película que seguía reproduciéndose en mi mente era extremadamente negativa, de hecho, gané muchos premios reconocidos debido a mis habilidades para crear películas negativas en mi mente; me sentía ansiosa e incluso enterré mis sueños durante un tiempo. ¡Cielos! Era tan buena haciendo esas películas en esos tiempos, pero ahora cuando hablo sobre eso simplemente lo encuentro gracioso.

Para todos aquellos que son unos manifestadores supersticiosos y tienen miedo del simple hecho de que al mencionar sus patrones negativos harán que se manifiesten y condenen tu vida, ¡relájense por favor! Sí, me encanta la positividad pero no soy una fanática de la positividad tóxica, no soy partidaria de usar la técnica del avestruz y fingir que todo está bien, no amigo mío, tú necesitas ser proactivo. Enfrenta tus pensamientos negativos, tienes que estar consciente de ellos, darte cuenta de que te están bloqueando en muchos aspectos y tomar la decisión de borrarlos. Deshazte de la vieja cinta, del viejo disco o programa y luego crea un nuevo y sí, seguirás recordando el negativo del pasado pero ya no te afectará, podrá parecer un poco irreal, divertido e incluso grotesco.

Hacer afirmaciones o cualquier otra técnica no tendrán efecto alguno si son hechas desde un lugar de resistencia. Hacer y ser son dos estados distintos, no es tanto sobre lo que haces, es sobre quien eres o en quien te quieres convertir ¿Cuál es la intención que tiene?, ¿estás haciendo afirmaciones desde un lugar de resistencia? Cada cosa que te digas a ti mismo (mientras estés en una posición de resistencia, necesidad y estrés) afirma lo que no tienes.

Primero tienes que estar en un estado de relajación, cualquiera sirve para eliminar la resistencia mientras haces que tu mente subconsciente esté propensa a sugerencias nuevas y empoderadoras. La verdadera pregunta es: ¿Por qué quieres manifestar éxito?, ¿para acercarte a algo que te emocione? O, ¿para alejarte de algo que odias? La segunda opción implica automáticamente que sigues enfocado en lo que no quieres y eso puede activar los programas negativos del pasado.

Tienes que tomar decisiones importantes y alineadas desde un lugar de silencio y relajación, al entrar en un de estado de relajación del ser ya no estás alineado con los programas y energías del pasado que no te dejaban avanzar, en otras palabras, te desprogramas a ti mismo antes de permitir que cualquier programa nuevo entre.

Digamos que una persona que es dueño/a de un negocio se siente frustrada porque no está atrayendo a los clientes que necesita y de pronto, ¡uno de sus clientes más antiguos decide solicitar un reembolso! No hace falta decir que el dueño del negocio se siente enojado y triste. Continúa pensando: "¿por qué siempre me pasa esto? ¡trabajo muy duro! ¿cómo me puede hacer esto?", y luego trata de recitar varias afirmaciones como: "Ay, pero soy rico, mis clientes me aman". Esto lo hace sentir incluso peor porque puede sentir la enorme brecha que existe entre el lugar donde está ahora y el lugar donde quiere estar; hay una gran separación entre lo que afirma y la forma en que realmente siente, piensa y actúa. En su lugar, lo que podría hacer es relajarse por un par de minutos (unas cuantas respiraciones profundas pueden resolver el problema) y luego anotar por qué el cliente que solicitó el reembolso lo hace sentir agradecido. Por ejemplo: a pesar de que el cliente no quiso seguir usando nuestros servicios, realmente disfrutamos trabajar juntos por tantos años, y ahora al menos sé con qué tipo de cliente quiero trabajar. Tal vez puedo pedirle que me de una retroalimentación sincera al preguntarle las razones por las que dejó de usar nuestros servicios y usar eso para mejorar mi negocio.

Ese cambio mental y energético puede desarrollarse en menos de 5 minutos, luego tu mente comenzará a buscar cosas más positivas sobre esta aparente situación "negativa" y sí, después de haber presionado el botón de positividad de tu mente más profunda, puedes comenzar a usar tus afirmaciones o visualizaciones de tu cuenta bancaria o correos electrónicos de clientes contentos; puedes afirmar: estoy en mi camino, estoy en el proceso de transformar mi negocio, me encanta ¡es muy divertido! Cualquier afirmación (o visualización) que uses debes confirmarla cada día al mantenerte enfocado en tu progreso y tu profunda gratitud con todos y todo lo que te rodea. Por ejemplo, el dueño de un negocio puede sentirse frustrado porque no alcanzaron los clientes necesarios pero al mismo tiempo puede elegir sentirse agradecido por los clientes que ya se inscribieron en sus programas y seguir afirmando: "si una persona está interesada en mis servicios, estoy seguro de que tendré diez, centenares e incluso miles de posibilidades y clientes, ¡estoy en mi camino!" en vez de pensar: "Ay, esto no va a funcionar, simplemente no soy bueno para esto". Mientras afirmas conscientemente: "¡soy millonario!"

¿Quieres manifestar un cuerpo saludable y perder peso? Tu meta original era perder 10 kilos y perdiste 2, bueno, puedes elegir quejarte sobre el hecho de que te está tomando mucho tiempo y aún tienes que perder 8 kilos, y probablemente nunca funcionará para ti, ya sea por tu genética, tu empleo o tu cónyuge; o puedes enfocarte en el hecho de que ya has perdido 2 kilos y tu cuerpo sabe exactamente cuánto tiempo necesita para perder pesos de manera efectiva y permanente ¿por qué no disfrutar el proceso de aprender más sobre la vida saludable mientras lo usas como una oportunidad para transformar tu vida por ahora? ¿por qué enfocarse en lo que no está funcionando? Puedes enfocarte en lo que está funcionando, esta es la mejor afirmación y una de las señales más importantes que puedes enviar al Universo.

Se tus afirmaciones ya que no solo se tratan de lo que dices sino que también se tratan de lo que haces y lo que decides encarnar a medida que transcurren tus actividades diarias.

El mayor error que veo en la gente de la comunidad de la LDA es que se enfocan en ciertos métodos o técnicas nuevas sin entender genuinamente sus principios básicos; puede que sepan distintos métodos de manifestación pero ya que no entienden completamente los principios simplemente lo hacen de la boca para afuera mientras recitan algunas afirmaciones de forma inconsciente que pueden funcionar o no ¿Quién sabe?

No sé tú, pero yo quiero resultados; hagas lo que hagas siempre esfuérzate por diferenciar entre los principios clásicos y las tácticas intermitentes. Por ejemplo, muchos empresarios en línea se perdieron con un millón de tácticas como: ¿debería hacer un podcast, o poner publicidad en Facebook, o escribir blogs? En realidad, todas estas técnicas de marketing pueden funcionar pero el principio fundamental es: ¿hay un mercado para lo que haces? ¿puedes comunicar tu valor? Y ¿a quién quieres atraer?

Una persona que quiere perder peso y tener un estilo de vida saludable también se puede perder en millones de dietas y planes de alimentación distintos, estos pueden ser de mucha ayuda pero primero las personas deben aceptar los principios básicos: trata a tu cuerpo como un templo y nútrelo con con comida real y saludable; mueve tu cuerpo, quema calorías, ¡siente la energía! Si has tratado de manifestar antes de usar millones de tácticas es momento de explorar tu estado interior. Estoy segura de que ya entiendes la importancia de enfocarte en lo positivo, yo estoy a favor de la positividad pero lo esencial es deshacerte de la negatividad; puedes tener las mejores manifestaciones del mundo pero solamente vas a amplificar la negatividad y vas a magnificar lo que no quieres las usas mientras estás en un estado negativo.

Entrena tu mente de manera consciente para ¡afirmar tus pequeñas victorias lo más que puedas! ¿alguien te sonrió? ¡Vaya, es porque tu energía está mejorando!

¿Has hecho la primera venta en tu negocio? Bueno, ¡este solo es el comienzo! ¿qué hay de esa entrevista de trabajo? ¡perfecto, ya estás en la vibración correcta! Una de las mejores afirmaciones que puede aceptar es buscar confirmaciones y evidencias positivas ¡dáte más crédito porque ya estás manifestando tus sueños! Se irá poniendo cada vez mejor. Incluso si algo no sale como lo planeaste puedes elegir usarlo a tu favor, ¿quizás el Universo quiere ponerte a prueba? Recuerda no puedes ser rechazado, solo puedes ser redireccionado; ¡todo se está desenvolviendo como debe ser!

Ejercicio

1. ¿Cuál es la meta o deseo que quieres manifestar? Describe todo los detalles hablando en tiempo presente como si ya lo tuvieras.
2. Entra en un estado de relajación y diversión al escuchar tu canción favorita, bailar un poco y respirar profundo unas cuantas veces.
3. Ahora dale un vistazo a tu realidad actual y tus actividades diarias ¿qué señales estás recibiendo por parte del Universo? Entrena tu mente para buscar la mayor cantidad de confirmaciones positivas como puedas.

4. Habla contigo de forma amable cuando te despiertes y cuando te vayas a dormir, y sigue recordándote todas las cosas hermosas que ya estás recibiendo y el por qué eres más que merecedor de manifestar todos tus deseos.

Digamos que te quieres "reprogramar" para ser un empresario a tiempo completo y esta semana tenías un cliente potencial que se estaba tratando de comunicar contigo por tus servicios, en cualquier oportunidad que esto suceda ¡es una señal de progreso! Asegúrate de apreciar eso y darte una merecida palmadita en la espalda.

"Todo se está desenvolviendo como debe ser; estoy avanzando".

Lo que estás haciendo realmente es cruzar la línea de una opinión hacia una creencia firme y positiva porque cuando te muestras confirmación a ti mismo, tu SAR (sistema de activación reticular) filtra las cosas que te llevan realmente hasta tu meta. Así que comienza a notar más lo que está funcionando bien y de ser necesario, hazle frente a lo que no está funcionando desde un punto de vista que te haga mejorar a ti mismo; no fracasas, ¡o tienes éxito o aprendes!

Secreto #3 Los enlaces perdidos entre el deseo y la decisión alineada (y el acceso directo a la manifestación)

Como ya lo hemos dicho: el no actuar desde la desesperación es una de las claves principales para manifestaciones exitosas y realmente felices. Sí, quieres encarnar la profunda fe interior de que eres exitoso porque ya lo eres; siempre recuerda que tu éxito no tiene que depender de algún factor externo, ya eres exitoso, ya has manifestado cosas asombrosas ¡no importa lo que tienes o lo que no!

Tu mente está constantemente haciendo evaluaciones al formular preguntas y depende de ti hacer que funcione a tu favor. Una de las mayores lecciones que aprendí de Tony Robbins es que si queremos cambiar y empoderar nuestras preguntas, debemos tomar decisión y opciones mejores y más empoderadas, en otras palabras, cuando cambias la forma de ver el mundo, cambias al mundo. Ahora, estas son las buenas noticias...todos pueden manifestarse y usar su mente para crear su propia realidad, pero si están consiguiendo o no los resultados que esperaban es otra historia distinta. La mayoría de las personas nunca despiertan por lo tanto, ni siquiera intentan tomar total posesión de sus mentes; se proponen una meta y le tienen poca fe al principio pero luego, permiten que algunos pensamientos y creencias que son negativos se apoderen de la situación, y en vez de enfocarse en lo que pudo haber salido bien, se enfocan en lo que pudo salir mal y en alineación con sus pensamientos negativos, toman decisiones negativas y nunca manifiestan lo que realmente desean.

La forma en que funciona se describe mejor en el triángulo de Deseo-Fe-Decisión de Napoleon Hill que dice que para manifestar de manera exitosa necesitas tener un deseo positivo respaldado con fe positiva y decisión. Muchas personas nunca llegan a manifestar lo que quieren porque no toman una decisión consistente y positiva y la razón para no hacerlo es porque comienza a dudar de ellos mismos lo que les lleva a perder la fe; comienzan a dudar porque no usan su mente para hacer preguntas positivas y empoderadoras, y estas son las preguntas que son el enlace perdido en triángulo de deseo-fe-decisión.

Mientras que algunos dicen que las preguntas empoderadoras se necesitan solamente para crear fe y que esta lleva de manera automática a tomar una decisión, yo me atrevería a decir que necesitamos preguntas empoderadoras todo el tiempo porque también nos llevan a tomar decisiones de empoderamiento. Existen muchas maneras de crear preguntas empoderadoras que apoyan tu viaje hacia la manifestación, sin embargo, mi método preferido para desarrollar tantas preguntas empoderadoras como necesites es a través del Cambio de Identidad.

Primero tienes que tener una visión emocionante de tu vida, ¿qué deseas manifestar? Y ¿quién eres en esa visión? ¿Cuáles son tus pensamientos, sentimientos y decisiones? Este es el nuevo tú o tu versión mejorada y para elaborar algunas preguntas realmente empoderadoras tienes que comenzar a pensar justo como lo hace tu versión mejorada.

Yo solía sentirme atascada con mi deseo de convertirme en escritora pero nunca podía tomar decisiones importantes para apoyar mi visión, era más como una aspirante y así pasaron los años mientras me mantenía ocupada en otras "metas", así que simplemente no era consistente como para escribir libros nuevos. Entonces tuve que crear una nueva visión de mi vida y me dije a mi misma: "Bueno Elena, eres una escritora muy creativa, eres una escritora regular, eres una máquina de escribir". Incluso visualicé a mis lectores visitándome en casa y literalmente pidiéndome que escribiera más, incluso me hacían té o café y preparaban mis comidas. Fue una visión divertida y absurda pero funcionó bien para mí, así que depende de ti si decides usar el humor en tus visualizaciones.

También me imaginé que tenía fechas límite y que en vez de ser una trabajadora independiente, firmaba contrato con unos agentes secretos con mentalidad basada en el amor y en esa visión mi único trabajo era escribir lo más que pudiera porque era parte de la Misión Positividad y estaba con otros agentes secretos.

Así que comencé a hacerme preguntas empoderadoras: ¿Cómo me gustaría que mi versión mejorada piense?, ¿qué preguntas me haría? Por otro lado, mi yo del pasado estaba con una mentalidad negativa y haciendo preguntas negativas tales como: ¿por qué no puedo hacer que mi audiencia crezca? Creo que nunca tendré éxito, ¿por qué otros autores pueden escribir tan rápido y yo no? Creo que debería renunciar antes de hacer el ridículo, ¿qué pasa si algunos de mis amigos y familiares ven mi trabajo y no les gusta? Porque aún recuerdo cuando escribí mi primer poema siendo adolescente y simplemente se rieron de él. Sin embargo, mi nuevo yo sabes como hacer preguntas empoderadoras tales como: me pregunto ¿cómo se sentiría recibir correos electrónicos de lectores contentos que aprecian mi trabajo?, ¿puedo escribir un libro para ayudar al menos a que 1 persona manifieste sus deseos? Y, ¿qué tal si puedo ayudar a 10, 100 o incluso 1000 personas? Es decir, otros autores lo hacen así que, ¡sigamos escribiendo! Si tuviera una lista de correo de lectores ¿qué tipo de correos les enviaría? ¿Compartiría algunas historias personales?, ¿les pediría sus opiniones? ¿llegarían a sentirse emocionados al enviarle fragmentos de mis libros nuevos?

Créeme, siempre funciona. Cada vez que usas tu mente para crear preguntas empoderadoras, tu fe pasa al siguiente nivel y tomas una decisión positiva, sientes una gran alineación y ya no tienes la necesidad de "tener que motivarte y disciplinarte para trabajar más duro". Simplemente encarnas tu deseo, tu fe y tus metas al ya ser la persona que sabe manifestar fácilmente.

Ejercicio

Realmente te recomiendo que te tomes un pequeño descanso, dejes de leer este libro y te sirvas una rica taza de café o té, relájate y escribe (en detalle):

- Tu realidad soñada (en primera persona).

Por ejemplo:

Soy un coach de alto nivel, estoy muy emocionado por poder estar trabajando con todas esa celebridades, actores, empresarios e incluso otros coaches; es un privilegio inmenso poder ayudarlos a transformar sus mentalidades para que les vaya mejor en sus carreras mientras entretengo y puedo transformar a otras personas, ¡me encanta mi misión!

- Tus nuevas y empoderadores preguntas (que tu versión nueva y mejorada hace), por ejemplo:

¿Cómo se sentiría hacer mis propios seminarios? ¿Cómo me sentiría al hablar frente a cientos de personas?

En vez de: ¿Por qué no puedo hacer que crezca mi audiencia en YouTube? Creo que a nadie le interesa lo que hago, ¡mejor me pongo ver Netflix! Me siento tan estúpido ¿quien me creía? Nunca podría convertirme en un coach de alto nivel, es decir, ¿por qué esas personas famosas me querrían contratar?

Ten en cuenta que a veces una pregunta puede parecer un poco negativa pero puede ser utilizada con propósitos positivos o de crecimiento.

Por ejemplo, te puedes preguntar:

¿Por qué no puedo hacer que crezca mi audiencia en YouTube? Pero desde un lugar de curiosidad y de carácter lúdico.

¡Imagina que eres un detective de LDA en una misión para resolver un caso! Eres como el Sherlock Holmes de la Manifestación.

Mmm...veamos, quizás es porque no estás subiendo los videos suficientes, o quizás los títulos no le hacen eco a tu audiencia, o tal vez podrías hacer mejor vistas previas? Probablemente sería una buena idea trabajar con un coach que pueda mejorar tus habilidades comunicativas, a lo mejor es la optimización de palabras clave, o tu cámara y la iluminación, o la calidad del audio.

No importa la razón que sea, no hay lugar para la negatividad aquí porque estamos resolviendo un caso muy importante y al mismo tiempo nos divertimos y aprendemos.

Otro gran ejercicio (que aumenta tu vibración a un nivel extraordinario) que puedes hacer es imaginar que ya has manifestado tu meta; vamos a seguir con nuestro ejercicio anterior sobre el coach de alto nivel. Así que ahora estás dando un discurso en seminario increíble y de alta vibración, puedes ver a todos tus modelos a seguir y mentores sentados en la audiencia, escuchando tu historia mientras asienten y sonríen, y a muchos les parece que tu discurso es inspirador y sobrecogedor. En ese discurso compartes lo que tuviste que hacer para lograr el éxito, todos los obstáculos que tuviste que superar y ¡lo agradecido que estás con ellos ahora porque gracias a esos obstáculos te convertiste en quien eres hoy!

Recuerda que tu siempre tienes el control, a todos nos bombardean los pensamientos negativos porque nuestro cerebro solo tiene una meta: querer mantenerte a salvo. Yo también tengo pensamientos negativos tales como: Ay, ¿qué pasa si a alguien no le gusta mi trabajo? Pero después me doy cuenta que estoy saliéndome del camino y me digo inmediatamente: "cancela, cancela, cancela" e instantáneamente me pregunto: Mmm...¿Qué pasaría si publico mi libro y le gusta a la gente? ¿Qué pasaría si publican una crítica positiva? Y ni siquiera se trata de las críticas, ¿qué tal si realmente aplican mis técnicas y las usan para transformar sus vidas y luego comienzan a ayudar a otras personas también?

Tanto la positividad como la negatividad son infecciosas, los niveles de esfuerzos que se necesitan para esparcir la negatividad son los mismos que los esfuerzos para esparcir positividad, solo es cuestión de acostumbrarse a encarnar la positividad y hacerla tu estilo de vida y ¡al encarnarla mientras buscamos confirmaciones de lo que ya está funcionando a nuestro favor es la mejor afirmación (y visualización) que puedes crear! Tienes que mantenerte enfocado en el proceso, así que, ¿por qué no elegir la positividad y hacerla tu estado predeterminado?

Si estás buscando un método real para aplicar después de leer este libro entonces asegúrate de usar preguntas empoderadoras y escribirlas; debes ser consistente, hazlo todos los días, incluso una pregunta empoderadora al día puede ser la pieza que faltaba en tu viaje hacia la manifestación y ¡puedes potenciar tus esfuerzos! También puedes combinar tus preguntas empoderadoras con gratitud. Primero, escribe unas cuantas cosas por las que estés agradecido en este momento dentro de tu realidad actual para lograr realmente una buena vibra, luego escribe unas cuantas cosas por las que estés agradecido, cosas que ya sabes que existen en tu nueva realidad (en otras palabras, algo que no has manifestado aún pero por la que ya estás agradecido) y finalmente escribe una pregunta empoderadora por lo menos. No te quedes pegado donde mucha gente lo hace, necesitas que tu deseo, tu fe y tu decisión sean positivos, ¡y la mejor forma de seguir alimentando de manera consistente esas tres cosas es con preguntas empoderadoras!

Secreto #4 !Manifiesta más rápido al reducir la velocidad! (La primera cosa para aprender de los manifestadores conscientes)

Puede que algunos días te sientas impaciente. *¿Por qué se está demorando tanto? ¿Qué puedo hacer para manifestar más rápido? Quizás tengo que buscar una nueva habilidad de manifestación o tal vez este método no es para mí.* Es absolutamente normal comenzar a sentirse impaciente de vez en cuando, ¡yo también me he sentido así! Y lo que he aprendido es que tienes dos opciones cuando te sientes impaciente: puedes presionarte más y comenzar a obsesionarte con tus metas y al mismo tiempo experimentas ansiedad; o ¡puedes usar tu impaciencia como una señal del Universo de que necesitas relajarte y olvidarte un poco de lo que te preocupa! Confía en mí cuando te digo esto: ¡la segunda opción es mucho mejor! Y como un manifestador impaciente, puede que te sientas tentado a terminar escogiendo la primera opción y convirtiendo tu impaciencia en ansiedad y una obsesión poco saludable.

Todo necesita tiempo en la naturaleza y tú necesitas soltarte y relajarte, estar agradecido porque tu mente te está enviado todas esas señales asombrosas a través de sentimientos de impaciencia y dedicar algo de tiempo al autocuidado para permitir que tu mente se abra y deje de enfocarse en tus metas, así podrás relajarte y rejuvenecer. Mi forma favorita de hacerlo es incorporando técnicas sencillas de conciencia plena en mi vida.

Puedes disfrutar el momento y permitirte dejar ir los cambios pequeños y graduales en tu vida, incluso si estás ocupado; la conciencia plena no tiene por qué ser complicada, no se trata de levitar en tu cama sino que se trata de sintonizar con tus sentidos. Adoptar un estilo de vida consciente te permitirá concentrarte y trabajar mucho mejor mientras disfrutas de todas las cosas pequeñas de la vida y reduces los estados de ansiedad.

"Dejar ir significa renunciar a obtener algo por la fuerza, a la resistencia o a las dificultades a cambio de algo más poderoso y saludable que viene del permitir que las cosas sean lo que tienen que ser sin quedarte atrapado en la atracción que tienes hacia ellas o en el rechazo de ellas hacia ti, en la intrínseca viscosidad del querer, de gustar o no gustar. Simplemente observa este

momento sin tratar de cambiar algo en absoluto ¿Qué está sucediendo? ¿Qué sientes? ¿Qué ves? ¿Qué escuchas?" – por Jon Kabat-Zinn.

En la meditación de consciencia plena todo se trata de la percepción, concentración, observación y cultivación del momento presente; ¡es una de las mejores formas de entrar en un estado de relajación mientras aumentas tu vibración! Aquí te dejaré algunas de mis técnicas favoritas de la conciencia plena, siéntete libre de elegir las que te gusten y comienza a practicarlas para eliminar los estados de impaciencia y ansiedad ya que no vas a querer ser un manifestador estresado sino que quieres experimentar la paz, la felicidad y la relajación mientras envías vibración positiva al Universo, te sientes tranquilo sabiendo que todo se está desenvolviendo como tiene que ser y tú eliges disfrutar el momento actual.

Ejercicio de anclaje consciente

Mantén tu atención enfocada en cualquier objeto que elijas durante unos pocos minutos o más; puede ser una estatua, una imagen, un árbol, una flor o una vela y pon la alarma para regalarte unos minutos de paz.

Enamórate de la respiración

Inhala y exhala varias veces, descubre dónde sientes tu respiración, ¿es en tu pecho, estómago, caja torácica, nariz, boca o garganta?, ¿qué sucede y qué sensaciones experimentas después de modificar la duración de tu respiración (haciéndola más larga o corta)? No te juzgues a ti mismo, sea lo que sea, déjalo que sea y acepta la curiosidad. ¡Esto te permitirá sintonizar con tu cuerpo y mente para leer rápida y fácilmente cualquier señal que venga de ellos!

Meditación del cubo de hielo

Simplemente toma un cubo de hielo con tu mano hasta que se derrita para hacer este ejercicio de conciencia plena y deja que el agua derretida caiga sobre tu regazo o en la mesa; observa tus sensaciones y sentimientos, ¿sientes incomodidad?, ¿sientes que tienes ganas de dejar de hacerlo? Registra de manera consciente todo lo que ocurra en tu cuerpo.

Detox digital

¿Cuándo te sientes normalmente tentado a revisar tu móvil? ¿Cuáles son las motivaciones emocionales que te hacen revisar las redes sociales o chequear tu correo?, ¿es realmente necesario? Analiza si lo haces a la hora de levantarte, durante las comidas, mientras hablas con alguien más o quizás en el autobús. Date permiso para pasar un día sin tu móvil; debes planificarlo con anticipación al escribir todos los impulsos que te hacen revisar tu móvil. ¿Es tristeza, impaciencia, o tal vez aburrimiento? ¿Qué pasaría si en vez de revisar tu móvil pudieras meditar o hacer un ejercicio sencillo de conciencia plena, o ir a dar un paseo corto?

Caminata de curiosidad

Sal a dar una caminata consciente, puede ser en tu parque local o cualquier espacio abierto en la naturaleza, explora el lugar sin ningún propósito; comienza a sentir la sensación de tus pies pisando dentro y fuera del suelo, permite que tu mente registre todo lo que ves y sientes y cuando tus pensamientos se vayan en otra dirección, trata de volver a poner la atención en tus pies, en el aire que respiras y los sonidos que escuchas.

Un descanso consciente para el té o café

Prepárate una taza de tu té o café favorito, huele la esencia, prueba el sabor, siente la temperatura y ¡debes disfrutarlo de forma consciente! Y cuando tu mente se distraiga y te des cuenta que te estás estresando por tus preocupaciones diarias, ponle atención a las distintas partes de tu cuerpo, como tus pies, tobillos, piernas, caderas, manos, etc. Siente como llenas de aire tus pulmones e imagina que llevas ese aire a cada parte de tu cuerpo ¡y luego continúa bebiendo tu té o café! Si no tienes tiempo para meditar durante horas, puedes elegir convertir tus descansos para tomar té o café en pequeñas meditaciones de conciencia plena y al mismo tiempo dejas ir el estrés, la preocupación y la impaciencia.

Meditación sencilla sentado

Siéntate en una posición cómoda, pon tus manos en tus rodillas con las palmas mirando hacia abajo o una mano por encima de la otra. Imagina que tu cabeza es un globo de helio, deja que se eleve de forma natural y estira tu columna vertebral, inclínate hacia adelante y hacia atrás unas cuantas veces hasta que encuentres tu punto medio de balance. Enfócate en tu respiración, asegúrate de que tu mente no divague y si notas que has perdido la concentración, regresa ¡nadie te va a juzgar aquí!

Meditación sencilla con sonido

Comienza a notar los sonidos de tu cuerpo, los sonidos en la habitación que estás, los sonidos del lugar donde vives y finalmente los sonidos del exterior; deja que el sonido se hunda en vez de tratar de capturarlo, escucha conscientemente y continúa así por unos diez minutos más.

Cuando estés listo, haz que tus pensamientos presten atención a los sonidos que vienen desde afuera y observa cómo estos se levantan y se van, apenas notes que tu atención se enrede en ideas entrelazadas, da un paso atrás con calma, aléjate de tus pensamientos y vuelve a observarlos a la mayor distancia que puedas.

Como puedes ver, la conciencia plena es una opción de vida y no tiene por qué tratarse sobre rituales largos y complicados sino que todo se trata de comprender cómo observar todo lo que pasa a tu alrededor y dentro de ti. Conviértete en un observador de tu realidad y regocíjate por ser capaz de ser parte de eso. Debes hacerte la promesa de que apreciarás el momento presente y te sentirás bien con él, porque gracias a vivir y estar completamente en el tiempo presente puedes dejar ir los dolores del pasado y crear un futuro fantástico de forma consciente.

Secreto#5 ¿Tu entorno bloquea tus manifestaciones? (¡Dale un toque feng shui para mostrarle al Universo que estás listo para recibir!)

Mira un poco más de cerca tu hogar y tu oficina, ¿tu entorno afirma tus deseos? Por ejemplo, si tu zona de trabajo está desordenada, puede que te encuentres a ti mismo atascado en tu vida profesional y no puedas manifestar de manera exitosa las metas que tienes en relación a tu carrera. Si quieres más dinero y abundancia a tu vida ¿acaso tu billetera refleja tus deseos? Por ejemplo, si tu billetera está vieja y llena de basura, tal como recibos que ya se les borró la fecha, no hay duda de que cada vez será más difícil manifestar que el dinero llegue a tu vida. ¿Qué me puedes decir de tu bolso de mano, cartera, mochila e incluso tu coche?, ¿están llenos de cosas y objetos que ya no te sirven más? Y, ¿qué hay de esos viejos papeles y recibos?

¿Qué tan a menudo te encuentras a ti mismo aferrándote al desorden y a las cosas que ya están viejas? *Porque tal vez algún día las vas a necesitar.* Bueno, échale un vistazo más de cerca a tu armario ¿Cómo te sentirías si tuvieras que deshacerte de tu ropa vieja? ¿Cuánta energía del pasado está realmente acumulándose en tus objetos personales y alrededores?, ¿acaso tu nueva versión mejorada necesita realmente todas estas cosas antiguas?, ¿no sería mejor al menos hacer una limpieza seria y soltar toda esa vieja energía mientras que al mismo tiempo haces espacio para la nueva energía?

Es momento de echarle un vistazo a algunos consejos clásicos del feng shui para asegurarte de que afirmes totalmente tus deseos mientras atraes energías nuevas y empoderadoras. Muchas personas de todas las partes del mundo están utilizando de manera exitosa estos principios para manifestar felicidad, salud, prosperidad y libertad. La práctica del feng shui se enfoca en la energía que entra y se mueve alrededor de nuestra casa y en todas sus habitaciones. Si bien la práctica del feng shui en detalle requiere que contrates a un especialista profesional en este sistema, los principios básicos de esta práctica son fáciles de entender y aplicar, también son muy intuitivos, ¡incluso algunos dirían que son de sentido común!

Como en la medicina tradicional china, donde la palabra *chi* se usa para que fluya a través del cuerpo, en el feng shui, el *chi*, también llamado fuerza vital, ha sido pensando para fluir a través de nuestros hogares.

El desorden es la primera cosa de la que quieres deshacerte porque los elementos del aire y la energía deben estar siempre en movimiento y el desorden atrapa toda la energía positiva y nos mantiene atascados en el pasado; cuando digo desorden, me refiero a los viejos papeles, a los libros antiguos, las ropas que ya no usamos, aparatos que están en desuso, y también el desorden digital como por ejemplo, los archivos viejos que están en tu ordenador.

Aunque no lo creas, el año pasado me sentía muy atascada con mi viaje hacia la escritura así que decidí ordenar mi casa y prestando especial atención a mi oficina y mi ordenador ¡de inmediato me sentí más energética y creativa! Y también me di cuenta de que me estaba aferrando de manera desesperada a las viejas ideas que se originaron a partir de mi yo del pasado y que ya no estaban en alineación con la nueva visión que tengo. Tenía miedo de deshacerme de mis archivos antiguos porque pensaba que quizás algún día ¡los podría convertir en unos de los libros más vendidos! Pasé unos cuantos años de mi vida en este bajón, aferrándome a varios "manuscritos sin terminar" que solamente se trataban de unas cuantas páginas que había escrito aleatoriamente. Así que, sin importar que es lo que te hace sentir atascado en este momento, es tiempo de programar algo de tiempo para limpiar el desorden lo antes posible.

Aquí te dejo unos cuantos consejos más:

1. Deshazte de todos los objetos que no funcionan o haz que los reparen, reemplaza todas las bombillas que estén quemadas, dona o vende todas las cosas que no has usado durante los últimos 8 meses. Dale la oportunidad a otras personas para disfrutar lo que tú ya no disfrutas o por lo que ya no te sientes entusiasmado y cuando hayas terminado de limpiar, lávate las manos bajo un chorro de agua con sal de mar durante al menos un minuto.

2. En el feng shui, la puerta principal de tu casa hace referencia a abordar el tema de la "boca de shi", así que es esencial mantenerla limpia y bien iluminada para ayudar a que entre buena energía en tu casa. Tienes que quitar todo el desorden que se encuentre en el interior de tu puerta principal para que no se bloquee toda la energía buena, una vez que termines

con tu puerta principal, tienes que repetir el proceso con las otras puertas de tu casa al igual que con las ventanas.

3. Prepárate para usar algo de terapia de color en combinación con la limpieza del desorden y el feng shui; puedes pintar tu puerta principal de color verde para atraer abundancia financiera, de color rojo puede traer prosperidad y romance, el color azul atra a la consciencia y la relajación, de igual forma el color marrón o café atrae la estabilidad. Incluso aquellos que no practican el feng shui saben que el experimentar con distintos colores en tu hogar puede cambiar de manera drástica tu humor, y al enfocarse en las actividades que te ponen de buen humor, manifiestas de forma automática más cosas buenas que llegan a tu vida.

4. Las plantas traen vibración *chi* a un hogar o entorno laboral, las oficinas en casa requieren la mayor cantidad de energía buena posible, así que ¿por qué no rodearnos con plantas vibrantes y vigorosas? Puedes probar con plantas grandes como lirios o azucenas, bambú y variedades de árbol de jade que son conocidas por traer vibración muy alta pero si no tienes espacio suficiente, puedes usar una

planta más pequeña que es mejor que nada; es esencial mantener tus plantas saludables y bien alimentadas, esto puede entregarte mucha paz y tranquilidad, cuidar de tus plantas es muy terapéutico y simboliza la disposición que tienes para invertir en ti mismo y en tu crecimiento interior.

5. Aunque mucha gente lo pasa por alto, la música también juega un papel importante en el feng shui y la manifestación. Por ejemplo, si tu casa es muy silenciosa puedes crear demasiado *yin* o energía pasiva y esto puede afectar tu humor, haciéndote sentir un poco desganado, así que si quieres manifestar niveles más altos de energía, tienes que poner un poco de música suave por unos 10 minutos al día.

6. Para atraer aún más energía "yang" o energía buena tienes que abrir todas las ventanas cuando estés limpiando tu hogar; cada habitación debe ser ventilada regularmente y dejando que entre algo de aire fresco.

7. Mantén todo tu material de limpieza en un armario o, si es posible, afuera de tu casa bloquear la energía negativa.

8. No se recomienda que tengas una escoba, ni siquiera como adorno, en tu puerta principal ya que no vas a querer que la energía positiva que entra a tu casa sea barrida.

9. Si tu meta es atraer más productividad y creatividad, evita poner tu escritorio en tal posición que quede mirando directamente hacia una ventana ya que toda tu energía se puede escapar por ahí. Si tu meta es trabajar de manera eficiente, trata de posicionar tu escritorio con la ventana hacia un lado, así puedes mirar por la ventana cuando necesites tomar un descanso sin interrumpir el flujo de creatividad.

10. Si quieres atraer amor y romance a tu vida, dale un vistazo más de cerca al lugar donde duermes ¿es una cama de una o dos plazas? Si duermes en una cama doble ¿cuál es tu lado y el de tu pareja?, ¿estás haciendo espacio en tu casa para atraer de forma consciente a la pareja de tus sueños? O ¿acaso tu casa grita "soy soltero de por vida?".

Dale un vistazo a tu entorno y comienza a pensar como tu nueva versión mejorada; crea un espacio para las nuevas energías y deshazte de lo que ya no te está sirviendo y crea hábitos nuevos de forma consciente para que tu calidad de vida siga creciendo y hacer que tu espacio funcione para ti.

De hecho, ¡te recomiendo encarecidamente que empieces a limpiar el desorden ahora! Si estás ocupado, comienza con tu auto, tu bolsa o tu billetera, pero si tu meta es atraer más dinero y abundancia, compra una billetera nueva, ¡disfruta la sensación de llenarla con dinero y tarjetas de crédito!

También programa media hora al día para limpiar el desorden y comienza a hacerlo a tu manera con todas tus pertenencias hasta que termines, pero si prefieres puedes limpiar el desorden de golpe en un solo día.

Después de deshacerte de tu desorden y reorganizar tu espacio, vas a comenzar a sentirte más en paz y energético ¡ayuda a que tu entorno te ayude! También debes tener en cuenta que este trabajo nunca se termina, de hecho, se debe convertir en un hábito. Yo hago maratones para ordenar el desorden varias veces al año y ¡realmente se siente genial!

Uno de los mayores beneficios espirituales de limpiar el desorden es que te puedes deshacer de la resistencia para dejar ir las cosas, los objetos viejos que ya no necesitas también representan viejas mentalidades, energías, sentimientos y emociones. Pregúntate: ¿realmente puedes darte el lujo de aferrarte a lo viejo o ¿estás listo para dar un paso adelante, aceptar tu nuevo yo y finalmente dejar ir lo que sea que está bloqueando tus nuevos niveles de manifestación?

Conclusión – Confía en ti

¡Sigue con tu expansión y continúa avanzando! Recuerda utilizar tu preciada mente como un filtro y hazlo con cualquier creencia negativa al igual que con los viejos conceptos y paradigmas que estén bloqueando tus manifestaciones, continúa analizando tu nueva autoimagen mientras que al mismo tiempo alineas de manera consciente tus pensamientos con lo que deseas; no te quede atascado en el último "truco" para la manifestación, sino que mejor enfócate en los principios clásicos que fueron descritos en este libro.

Recuerda que atraes lo que eres, así que mantén tus pensamientos, sentimientos y decisiones alineadas con lo que deseas, observa cómo tu energía se transforma, encarna tus deseos, se tu deseos, afirma tus deseos con lo que haces y con lo que piensas sobre ti mismo y no solamente con lo que dices.

Todo comienza con tu mente y entendiendo cómo cuidar de ella, sabiendo cómo controlar lo que entra o sale de tu mente es una de las mejores habilidades que puedes desarrollar en tu viaje de espiritualidad y de autosuperación. No te desanimes ni pierdas la paciencia si manifestar tus deseos requiere de más tiempo, el viaje en si es tu destino. A medida que te exploras a ti mismo y tus habilidades de manifestación, te conviertes en una mejor persona; eres amable contigo mismo y con los demás mientras cultivas una mentalidad positiva fusionada con una gratitud infinita ¡Ese es un regalo por sí solo para aquellos que están a tu alrededor!

Sigue practicando lo que has aprendido y continúa compartiendo estos conceptos con otras personas, juntos podemos cambiar el mundo al aumentar de forma colectiva la vibración del planeta.

Sinceramente espero que este libro te haya inspirado y entregado nuevas herramientas para expandir tu consciencia e incrementar tu percepción.

¡No tienes límites, eres poderoso e increíble! ¡Creo en ti y te deseo lo mejor en tu viaje!

Si tienes unos minutos, te agradecería mucho si pudieras dejarme una breve reseña en Amazon. Deja que otros lectores sobre la LDA en nuestra comunidad sepan cómo y por qué este libro los puede ayudar.

Gracias, gracias, gracias,

Espero que nos volvamos a "ver", con mucho amor,

Elena.

Más Libros de Elena G.Rivers en Español

La mentalidad para atraer el dinero: Deja de manifestar lo que no quieres y cambia tu mente subconsciente hacia el dinero y la abundancia (Ley de la atracción - libros cortos nº 1)

El Amor de la Atracción: Secretos probados para dejar la mentalidad basada en el miedo, activar ley de la atracción y comenzar a manifestar tus deseos

Libro de actividades de ley de la atracción: Cómo elevar tu vibración en 5 días o menos para manifestar la vida y la abundancia que mereces

Disponible en Amazon + nuestra web:

www.loaforsuccess.com/spanish

Contacto:

info@LOAforSuccess.com

English website & books:

www.loaforsuccess.com

www.ingramcontent.com/pod-product-compliance
Lightning Source LLC
Chambersburg PA
CBHW070122110526
44587CB00017BA/3243